Gramemo — 47 Exercices pour Améliorer Durablement Votre Grammaire

CHRISTELLE MOLON

www.gramemo.org

Ce livre est dédié à tous les amoureux de la langue française.

TABLE DES MATIÈRES

DU MÊME AUTEUR

Maîtrisez les bases de la grammaire
française en moins d'une heure

Maîtrisez les bases de la conjugaison
française en moins d'une heure
(bientôt disponible)

Les Petits Guides Gramemo

40 fiches ultra-pratiques pour améliorer
immédiatement votre grammaire

41 fiches ultra-pratiques pour améliorer
immédiatement votre grammaire

42 fiches ultra-pratiques pour améliorer
immédiatement votre grammaire

Les Petits Cahiers Gramemo

45 exercices pour améliorer
durablement votre grammaire

46 exercices pour améliorer
durablement votre grammaire

AVANT-PROPOS

En grammaire comme dans toute autre discipline, il est indispensable de mettre en pratique les concepts étudiés pour mieux les assimiler et les mémoriser de manière durable.

Même si les fiches Gramemo ont toujours été pensées avec la volonté de garder les explications claires et brèves, le grand nombre de règles qui s'accumulent au fil du temps complique malgré tout leur mémorisation.

Ce cahier d'exercices a été créé, comme ses deux prédécesseurs, en suivant le plan du livre *Gramemo – 42 fiches ultra-pratiques pour améliorer immédiatement votre grammaire,* afin de vous permettre de tester vos connaissances et de mettre en pratique pas à pas les fiches et conseils du livre, tout en vous aidant à mieux en mémoriser toutes les règles.

N'hésitez pas : écrivez dans ce cahier, faites-y des ratures si nécessaire, mais surtout, ne le laissez pas, intact, dans une bibliothèque, car il manquerait alors sérieusement son objectif et vous vous priveriez d'un bon moyen de progresser.

Je vous remercie pour votre confiance, et vous invite à rejoindre la communauté Gramemo sur le site et les réseaux sociaux pour poursuivre semaine après semaine l'amélioration active (mais rapide) de vos connaissances grammaticales.

Maintenant, n'attendez plus et lancez-vous…

Christelle Molon, le 20 mai 2018

NB : Le livre *Gramemo – 42 fiches ultra-pratiques pour améliorer immédiatement votre grammaire* et le cahier que vous tenez entre les mains ont été conçus pour se compléter mutuellement et offrir la meilleure expérience d'apprentissage possible, mais vous pouvez également trouver les fiches parues dans le livre sur notre site www.gramemo.org, accessible gratuitement.

PREMIÈRE PARTIE — EXERCICES

Pour chaque exercice, merci de bien vouloir écrire la bonne réponse dans l'espace matérialisé par une ligne __________, ou de barrer la ou les réponses fausses lorsque deux ou plusieurs propositions vous sont faites, séparées par des barres obliques (exemple : au / aux / haut). Dans certains cas, une consigne différente vous sera indiquée en italique juste avant l'exercice. Vous pourrez ensuite vérifier vos réponses en vous référant au paragraphe correspondant dans la partie CORRIGÉS de ce cahier.

SOI, SOIE OU SOIT

1) Rejoins-moi soi / soie / soit / soient au centre-ville, soi / soie / soit / soient sur le parking du restaurant. — 2) Ce foulard en soi / soie / soit est un cadeau de ses parents. — 3) Sa soi- / soie- / soit-disant amie n'a pas attendu longtemps avant de lui tourner le dos. — 4) Qu'il en soi / soie / soit / soient ainsi. — 5) Je crains fortement qu'ils ne _________________________ en retard cette fois. — 6) Il est important de garder un peu de temps pour _________________________.

VOIX, VOIE, VOIS, etc.

1) J'ai tellement chanté pendant ce concert que je n'ai presque plus de voix / voie / vois. — 2) Il est strictement interdit de circuler à pied sur les voix / voies / vois de chemin de fer. — 3) Tu voix / voie / vois ? C'est une _________________________ sans issue. — 4) Ils ne voix / voie / vois / voient que ce qu'ils veulent bien voir. — 5) Il a dû élever la _________________________ pour se faire entendre dans le brouhaha de l'amphithéâtre. — 6) C'est une espèce en voix / voie / vois / voient de disparition.

REPÈRE OU REPAIRE

1) Je manque totalement de repères / repaires dans cette nouvelle maison. – 2) Les héros s'égarent alors dans la forêt, perdant tout repère / repaire. – 3) Ils finissent par se retrouver dans le repère / repaire d'une araignée géante. – 4) En cas d'incendie, la fumée vous fait vite perdre vos _______________________. – 5) On dit que ce lieu touristique est un ancien _______________________ de pirates.

FOND, FONT OU FONDS

1) La neige fond / font / fonds enfin, le printemps n'est plus très loin. – 2) Que fond-/ font-/ fonds-ils pour les fêtes de fin d'année ? – 3) Il est convoyeur de fond / font / fonds depuis cinq ans. – 4) Je _______________________ souvent en larmes au cinéma lorsque le film est émouvant. – 5) Ils préfèrent s'asseoir dans le fond / font / fonds de la salle. – 6) Ils _______________________ du ski de fond / font / fonds et des promenades en raquettes.

A L'ATTENTION DE, A L'INTENTION DE

1) Cette lettre est adressée "à l'attention de / à l'intention de Monsieur le Directeur". – 2) A l'attention de / A l'intention de notre aimable clientèle : ne manquez pas les promotions exceptionnelles situées au premier étage du magasin ! – 3) Cette grand-mère prépare chaque samedi des biscuits à l'attention de / à l'intention de ses petits-enfants. – 4) J'ai laissé ce livre à votre attention / à votre intention sur le meuble de l'entrée.

GÈNE OU GÊNE

1) Cet homme est vraiment sans gène / gêne ! – 2) Même s'il me le propose de bon coeur, je ressens toujours une certaine gène / gêne à l'idée de lui emprunter sa voiture. – 3) Avec un père peintre et une mère photographe, la créativité doit être inscrite dans ses gènes / gênes ! – 4) Ne te gène / gêne pas pour moi, je dois bientôt partir de toute façon. – 5) Cette maladie est liée à la présence d'un gène / gêne défectueux. – 6) La génétique est l'étude des lois de l'hérédité et des ______________________.

QUINQUAGÉNAIRE OU CINQUANTENAIRE

1) Mes parents sont tous deux quinquagénaires / cinquantenaires. – 2) Nous commémorons le quinquagénaire / cinquantenaire de cette victoire historique. – 3) Cette plaque a été posée à l'occasion du quinquagénaire / cinquantenaire du débarquement en Provence. – 4) Il se fait du souci à l'idée de devenir prochainement quadragénaire / quarantenaire. – 5) On appelle __________________________________ les personnes âgées de 50 à 59 ans et __________________________________ les personnes âgées de 40 à 49 ans.

SAIN, SEIN, SAINT, etc.

1) Il a enfin décidé de manger des aliments plus sains / seins / saints / ceins. – 2) Elle aimerait pouvoir donner le sain / sein / saint / ceint à son bébé pendant au moins six mois. – 3) Cette famille m'a accueilli en

son sain / sein / saint / ceint comme si j'étais l'un des leurs, et je leur en serai toujours reconnaissant. — 4) Un bandeau lui sain / sein / saint / ceint le front, le faisant ressembler à un héros de film d'arts martiaux. — 5) Il ne sait plus à quel _________________________ se vouer. — 6) L'augmentation de capital a eu lieu sous sain / seing / saint / ceins privé.

PLEIN OU PLAIN, etc.

1) Il va bientôt falloir faire le plein / plain / plaint si nous ne voulons pas tomber en panne sèche. — 2) Nous recherchons de préférence une maison de plein- / plain-pied. — 3) Il organise toujours plein / plain / plaint de sorties les soirs de semaine et ensuite il se _________________________ d'être fatigué ! — 4) Elle ne se plein / plain / plaint presque jamais. — 5) Il est de nature optimiste, toujours à voir le verre à moitié _________________________. — 6) Ils font plaisir à voir, toujours plains / pleins / plaints de motivation. — 7) Plusieurs clients se sont plains / pleins / plaints de maux de ventre après avoir mangé des fruits de mer.

VER, VERS, VERRE, VERT OU VAIR

1) Viens nous voir _________________________ midi, nous pourrons alors boire un _________________________ ensemble. — 2) Ce fruit est plein de vers / verres / verts / vairs, jette-le vite ! — 3) Quand je t'ai repérée, tu te dirigeais _________________________ la sortie. — 4) Il a fait tomber son ver / vers / verre / vert / vair, qui s'est brisé en mille morceaux. — 5) Ce poète préfère les _________________________ à la prose. — 6) Les fameuses

pantoufles de _________________________________ de Cendrillon ne sont
en fait pas du tout en _______________________________ ! – 7) Il a décidé
de repeindre le banc en ver / vers / verre / vert / vair.

TORT OU TORD

1) Il a beaucoup de mal à reconnaître ses torts / tords. – 2) Il saute mais
se rattrape mal et se _______________________________ la cheville. –
3) Que tu aies tort / tord ou raison, là n'est pas la question ! – 4) Par
pitié, cessez de parler à tort / tord / tords et à travers, on ne s'entend
plus ! – 5) Attention, cette descente est dangereuse, ne te tort / tord /
tords pas le cou ! – 6) Cette petite erreur lui a causé beaucoup de
_______________________________.

PERE, PAIRE, PAIR, PERD, PERDS OU PERS

1) Pense à emporter une père / paire / pair / perd / perds / pers de
chaussures de rechange ! – 2) Il est heureux, entouré de ses pères /
paires / pairs / perd / perds / pers. – 3) Il a toujours rêvé de devenir
_______________________________. – 4) Les maisons aux numéros
pères / paires / pairs / perd / perds / pers sont de ce côté-ci de la rue. –
5) Elle avait des yeux _______________________________ et de longs
cheveux de la couleur du coucher du soleil. – 6) Tu pères / paires / pairs
/ perd / perds / pers souvent aux cartes, car tu n'observes pas assez le
langage corporel des autres joueurs. – 7) Dès qu'il est stressé il
_______________________________ ses moyens et est alors
incapable de parler.

FAIM, FIN OU FEINT

1) Notre réunion touche à sa faim / fin / feins / feint. – 2) Il faim / fin / feins / feint souvent l'évanouissement pour me faire rire. – 3) J'ai faim / fin / feins / feint, et si nous faisions une pause ? – 4) Ne sois pas si pessimiste, un échec ne signifie pas la _______________________ du monde ! – 5) Depuis toute petite, elle a voulu s'engager dans une association pour lutter contre la faim / fin / feins / feint dans le monde. – 6) Sentant que la _______________________ était proche, le vieux matou alla s'allonger au fond du placard où il avait l'habitude de dormir. – 7) Tu faim / fin / feins / feint souvent l'ennui, mais je sais que ce sujet te passionne bien plus que tu ne veux l'admettre !

GRÉ OU GRÈS

1) Il a commencé par protester, avant de nous suivre de son plein gré / grès. – 2) Le sol de sa terrasse est en gré / grès clair. – 3) Je collectionne les vieux pots en _______________________. – 4) Il les suivit, bon gré / grès mal _______________________. – 5) Le bateau dérive au gré / grès du vent et des courants. – 6) Un peu contre son _______________________, il se rangea à l'avis de la majorité.

PHARE, FARD OU FAR

1) Les bateaux sont guidés la nuit par le faisceau du vieux phare / fard / far. – 2) Quel plaisir, de manger un phare / fard / far au pied d'un _______________________ ! – 3) Il a dû faire remplacer le

phare / fard / far arrière droit de sa voiture. – 4) Elle lui a tout avoué, parlant sans _________________________________. – 5) C'est dans cette pâtisserie que j'ai goûté mon premier phare / fard / far breton. – 6) C'est lors de leur premier rendez-vous qu'elle piqua son premier phare / fard / far, les joues écarlates et les yeux brillants. – 7) Plusieurs automobilistes m'ont fait des appels de _________________________________ sur le chemin du travail ce matin.

TERRE, TAIRE OU TER

1) Son problème principal est qu'il ne sait pas se terre / taire / ter. – 2) Il se terre / taire / ter dans son appartement depuis deux jours de peur de tomber sur son ex-meilleur ami. – 3) Ils habitent au 10 _________________________________ rue d'Alsace. – 4) Ils ont préféré lui _________________________________ la vérité sur les circonstances de l'accident de peur de lui faire du mal. – 5) Cette famille possède des _________________________________ qui s'étendent sur plusieurs hectares. – 6) Ils naviguaient depuis des semaines et ne rêvaient que d'une chose : enfin toucher terre / taire / ter. – 7) Un brin nostalgique, le jeune astronaute admirait la _________________________________ depuis la Station Spatiale Internationale.

STATUE, STATUT OU STATUENT

1) Cette statue / statut / statuent ancienne est une véritable oeuvre d'art. – 2) Merci de bien vouloir renseigner sur ce formulaire votre statue / statut / statuent marital. – 3) Il resta debout, immobile comme une statue / statut / statuent. – 4) Les jurés statue / statut / statuent aujourd'hui sur le sort de l'accusé de ce crime sordide qui avait choqué

l'opinion publique. — 5) Les _________________________ de la société sont disponibles auprès du Registre de Commerce. — 6) Cette famille a fait toutes les démarches nécessaires afin d'obtenir le _________________________ de réfugiés politiques.

COUR, COURS, COURT OU COURENT

1) Il cour / cours / court / courent car il craint d'arriver en retard à son cour / cours / court / courent de français. — 2) C'est la récréation, les enfants _________________________ dans la cour / cours / court / courent de l'école. — 3) Ils _________________________ plusieurs kilomètres par jour en prévision du semi-marathon du 16 mai. — 4) La vie à la _________________________ du roi Henry VIII Tudor n'était pas sans danger. — 5) Je rêve depuis longtemps de jouer un match de tennis sur un cour / cours / court / courent en terre battue, comme à Roland-Garros. — 6) Tu as bien grandi depuis l'année dernière, ce pantalon est déjà trop cour / cours / court / courent ! — 7) Nous sommes presque à _________________________ de lait, pense s'il te plaît à en acheter lorsque tu iras faire les courses !

CLAIR OU CLERC

1) J'ai des migraines terribles lorsqu'il ne fait pas assez clair / clerc dans une pièce. — 2) Après de longues explications, tout est désormais _________________________ comme de l'eau de roche. — 3) J'ai téléphoné au clair / clerc du notaire pour savoir si notre rendez-vous pouvait être avancé. — 4) Il a travaillé six ans comme _________________________ chez un huissier avant de changer

totalement d'orientation. – 5) Le chant de cet oiseau est clair / clerc et harmonieux.

DIAGNOSTIC OU DIAGNOSTIQUE, PRONOSTIC OU PRONOSTIQUE

1) Le médecin lui diagnostic / diagnostique rapidement une crise d'appendicite et l'envoie en urgence à l'hôpital. – 2) Il est connu pour ses diagnostics / diagnostiques rapides et précis. – 3) Son pronostic / pronostique vital n'est heureusement pas engagé malgré la violence de l'accident. – 4) Cette application est destinée à recueillir les pronostics / pronostiques sportifs des parieurs. – 5) Ce spécialiste pronostic / pronostique en général avec justesse les évolutions économiques futures. – 6) Il faut éviter à tout prix de faire ses propres diagnostics / diagnostiques en se fiant à des articles lus sur internet.

CHANT OU CHAMP

1) Sa peau était bronzée après avoir passé tant d'heures à travailler dans les chants / champs. – 2) Elle est très douée dans son domaine mais malheureusement le tact n'entre pas dans son chant / champ de compétences. – 3) Il prend des cours de chant / champ depuis plusieurs années. – 4) Il faut parfois savoir ignorer le ________________________________ des sirènes. – 5) Un technicien apparut dans le ________________________________ de la caméra et le réalisateur cria : "Coupez !" – 6) Vous avez encore une chance d'attraper mais ce train si vous partez sur-le-________________________________.

CHER, CHÈRE, CHAIR OU CHAIRE

1) Cette sauce est préparée à base de cher / chère / chair / chaire de tomates et d'un peu de basilic. – 2) Le professeur s'adresse aux élèves depuis sa cher / chère / chair / chaire. – 3) Son amour de la bonne _________________________ est sans le moindre doute lié à sa tendance à l'embonpoint. – 4) Cher / Chère / Chair / Chaire Monsieur, je vous prie de bien vouloir trouver en annexe le contrat signé en deux exemplaires. – 5) Ce nouveau restaurant est bien trop _________________________ pour moi. – 6) La cher / chère / chair / chaire de ma _________________________ passera toujours en priorité. – 7) Un vent frais se leva soudain, me donnant la cher / chère / chair / chaire de poule.

PENSER, PANSER OU PENSÉE

1) Elle regardait au loin, silencieuse, et je me demandai à quoi elle pouvait bien penser / panser / pensée. – 2) Cette année j'ai décidé de planter des _________________________. – 3) Il a bien désinfecté la blessure avant de penser / panser / pensée la plaie. – 4) Après toutes ces discussions, je ne sais plus quoi _________________________. – 5) Penser / Panser / Pensée un cheval consiste à le brosser pour le nettoyer tout en passant un moment privilégié avec lui. – 6) Il n'a pas hésité longtemps avant de partager avec nous le fond de sa penser / panser / pensée. – 7) Elle se laisse parfois submerger par des _________________________ négatives.

DE SUITE OU TOUT DE SUITE

1) "Les enfants ! Venez manger de suite / tout de suite !" – 2) Il a rapidement abandonné le roller après être tombé trois fois de suite / tout de suite. – 3) Ils ont encore une chance d'arriver avant la fermeture s'ils partent _________________________________. – 4) Quelqu'un sonna alors à la porte d'entrée plusieurs fois _________________________________. – 5) En voyant la lueur dans son regard, j'ai de suite / tout de suite su qu'elle plaisantait.

ENSEMBLE OU ENSEMBLES

1) Ils étaient rapidement devenus amis, et on les voyait toujours ensemble / ensembles. – 2) Je ne sais pas quoi porter, j'hésite entre cet _________________________________-ci et ces ensemble / ensembles-là. – 3) Ils réagirent dans un parfait ensemble / ensembles. – 4) Les quatre cousins ont joué _________________________________ tout l'après-midi, profitant du soleil et des vacances. – 5) Par un étonnant hasard, ils sont arrivés tous ensemble / ensembles. – 6) Il y a quelques années, je jouais du violoncelle dans l'_________________________________ musical de mon lycée.

AVOIR À FAIRE OU AVOIR AFFAIRE

1) "Si vous continuez vos bavardages, vous allez avoir à faire / avoir affaire à moi !", menaça le professeur. – 2) En fin d'année, il y a toujours beaucoup à faire / affaire au bureau. – 3) Ils passent leurs soirées à discuter sur ce banc, comme s'ils n'avaient rien à faire / affaire de leur

temps. — 4) Dans toute ma carrière je n'ai encore jamais eu ________________________________ à un client d'aussi mauvaise foi ! — 5) Nous avons à faire / affaire à un virus d'un genre nouveau. — 6) Quand il n'y eut plus rien à faire / affaire, il prit ses affaires et rentra chez lui.

DÉCADE OU DÉCENNIE

1) Il n'avait pas fait aussi chaud en avril depuis au moins trois décades / décennies. — 2) Une décade / décennie désigne une période de dix jours, et une décade / décennie une période de dix ans. — 3) Il y a environ trois ________________________________ dans un mois. — 4) Mes enfants sont tous nés dans la seconde décade / décennie du vingt-et-unième siècle.

ÉRUPTION OU IRRUPTION

1) L'éruption / irruption de la police dans la salle de spectacle mit rapidement fin à la rixe. — 2) L'éruption / irruption du Vésuve a entièrement détruit la ville de Pompéi, tuant la majeure partie de ses habitants. — 3) Ce sont des ________________________________ cutanées à répétition qui mirent les médecins sur la piste d'une allergie. — 4) Un groupe de retardataires fit ________________________________ dans la salle de cinéma et s'installa bruyamment. — 5) Les éruptions / irruptions solaires sont un phénomène passionnant.

QUELQUE ET QUEL QUE

1) J'ai invité mon frère et quelques / quels que amis à manger ce soir. –
2) Quelque / Quel que / Quelle que soit ta décision, je te soutiendrai. –
3) Depuis quelque / quelques / quels que temps j'ai du mal à
m'endormir le soir. – 4) Quelque / Quelles que / Quelques soient les
raisons invoquées, une telle violence est choquante et condamnable. –
5) Si vous ne pouvez pas venir pour _________________________________
raison que ce soit, merci de bien vouloir penser à prévenir les
organisateurs. – 6) Je suis déjà venu ici il y a quinze ans et
_________________________________. – 7) Elle a dit qu'elle partait
_________________________________ part mais je ne me souviens
plus de quel endroit il s'agissait.

L'INVERSION DU VERBE ET DU SUJET

*(Conjuguez les verbes en suivant les indications entre parenthèses et en inversant verbe
et sujet lorsque cela est nécessaire.)*

1) "_________________________________ (venir – je – futur simple
de l'indicatif) te voir demain", _________________________________
(dire   –   il   –   présent   de   l'indicatif).   –   2)   Quand
_________________________________ (pouvoir – il – futur
simple de l'indicatif) quitter l'hôpital ? – 3) Il a dit qu'il serait bientôt là,
mais _________________________________ (penser – il – passé
composé) à fermer les fenêtres avant de partir ? – 4) L'histoire dont
_________________________________ (parler
– le présentateur du journal – imparfait de l'indicatif) ce midi est très
émouvante.

LES LIAISONS

(Soulignez dans les phrases suivantes les mots entre lesquels il est obligatoire ou autorisé de faire la liaison. Exemple : <u>Les enfants</u> aiment <u>les animaux</u>.)

1) Ils sont amis depuis des années. – 2) Ils ont décidé de partir faire le tour des environs quand ils auront du temps libre. – 3) Leurs amies Elena et Julie les accompagneront. – 4) Les héros de bandes dessinées sont à l'honneur de ces expositions. – 5) Dans un an vous pourrez à nouveau tenter de passer cet examen. – 6) De temps en temps, nous passons la soirée chez elle. – 7) Ils ont mangé des haricots et des yaourts.

BIEN UTILISER TEL

(Accordez "tel" dans les phrases suivantes lorsque cela est nécessaire.)

1) Avec un _________________________________ comportement, ne t'étonne pas si plus personne ne te soutient. – 2) _________________________________ est pris qui croyait prendre. – 3) Lisez ces phrases puis recopiez-les tel_________________________ quel_____________________________. – 4) Il nous a dit de bien veiller, si nous allions voir _________________________________ ou _________________________________ personne, à passer le bonjour de sa part. – 5) Il faudra bien un jour qu'il accepte la vérité comme _________________________________. – 6) La petite fille a placé ses peluches en rangs, _________________________________ les élèves de son école imaginaire.

BIEN ACCORDER LE VERBE AVEC SON SUJET

(Accordez correctement les verbes entre parenthèses au présent de l'indicatif.)

1) (Aller) _________________________-vous souvent aux réunions de cette association ? — 2) Mon père et son frère _________________________ (être) comme chien et chat. — 3) Peu de gens _________________________ (avoir) fait le déplacement. — 4) Une foule de manifestants _________________________ (avoir) déferlé dans les rues. — 5) Sophie et moi _________________________ (être) les meilleures amies du monde. — 6) Valérie et lui _________________________ (fêter) leurs quinze ans de mariage. — 7) Ton frère et toi _________________________ (avoir) deux ans d'écart, n'est-ce pas ?

LES NOMS DE PAYS

(Dans chaque cas, entourez A ou B pour indiquer la bonne utilisation des majuscules.)

A) la Principauté de Monaco — B) la principauté de Monaco
A) la confédération Helvétique — B) la Confédération helvétique
A) l'île de la Réunion — B) l'Île de la Réunion
A) la Nouvelle-Zélande — B) la nouvelle-Zélande
A) les Emirats Arabes Unis — B) les Emirats arabes unis

(Selon les cas, écrivez "en" ou "au" devant les noms de pays proposés.)

1) __________ Allemagne — 2) __________ Brésil – 3) __________ Canada – 4) __________ Irak – 5) __________ Turquie –

6) _____________ Zimbabwe – 7) _____________ Bosnie-Herzégovine –
8) _____________ Rwanda – 9) _____________ Japon – 10) _____________
Luxembourg

LE PLURIEL DES NOMS

(Ecrivez les noms proposés au pluriel.)

1) un animal, des _______________________________________
2) un trou, des ____
3) un genou, des ____
4) un vitrail, des _______________________________________
5) un feu, des ____
6) un travail, des _______________________________________
7) un pneu, des ____
8) un nez, des ____
9) un chasse-neige, des __________________________________
10) un haut-parleur, des _________________________________
11) un passe-partout, des ________________________________
12) un coffre-fort, des __________________________________

QUAND TUTOYER, QUAND VOUVOYER ?

(Entourez dans chaque cas la solution qui vous paraît la plus appropriée.)

1) Pour vous adresser à votre nouveau patron :
   TUTOIEMENT – VOUVOIEMENT

2) Pour vous adresser à un serveur dans un restaurant :
   TUTOIEMENT – VOUVOIEMENT

3) Pour vous adresser à un enfant que vous ne connaissez pas :
TUTOIEMENT – VOUVOIEMENT

4) Pour vous adresser à un ami d'enfance que vous aviez perdu de vue :
TUTOIEMENT – VOUVOIEMENT

5) Pour vous adresser à votre nouveau collègue, qui a à peu près votre âge :
TUTOIEMENT – VOUVOIEMENT

BIEN ACCORDER AVEC "VOUS"

(Accordez correctement les verbes ou participes passés entre parenthèses.)

1) Je vous ____
(prévenir – plus-que-parfait), ton frère et toi, que la route était glissante.
– 2) Beaucoup d'entre vous ____
(prendre – présent de l'indicatif) cette formation très au sérieux et je vous en félicite. – 3) Je vous ____
(croire – imparfait) au-dessus de ce genre de provocation. – 4) Mes chères amies, je vous ai ____
(écrire – participe passé) bien des fois ces derniers mois. – 5) Mes chères soeurs, je vous ai ____
(appeler – participe passé) plusieurs fois ce matin mais aucune d'entre vous ne m'a répondu. – 6) Son père et vous ____ (être – présent de l'indicatif) devenus amis il y a peu.

LES COMPLÉMENTS D'OBJET

(Indiquez dans chaque cas si les mots soulignés sont complément d'objet direct

(COD), indirect (COI) ou second (COS).)

1) Je <u>lui</u> (COD / COI / COS) ai demandé <u>de venir rapidement</u> (COD / COI / COS).

2) J'ai parlé <u>à l'agent immobilier</u> (COD / COI / COS) ce matin.

3) Tu <u>lui</u> (COD / COI / COS) as encore demandé <u>un service</u> (COD / COI / COS).

4) Il voulait <u>manger</u> (COD / COI / COS) et a choisi <u>un restaurant asiatique</u> (COD / COI / COS).

5) <u>Quelle chanson</u> (COD / COI / COS) as-tu entendue à la radio ce matin ?

6) Il <u>lui</u> (COD / COI / COS) a dédié <u>son dernier livre</u> (COD / COI / COS) en guise d'hommage.

BIEN ACCORDER AVEC "SE"

1) Elle s'est mis / mise à pleurer tout à coup. — 2) Elle se sont donné / données rendez-vous à midi au bout de la rue des Bosquets. — 3) Ils se sont associé / associés pour créer cette entreprise. — 4) Les robes qu'elle s'est acheté / achetée / achetées étaient en soldes. — 5) Les mensonges qu'il a raconté / racontés sont grotesques. — 6) Elle s'est arrêté / arrêtée un instant afin de reprendre son souffle. — 7) Ils se sont dit / dits beaucoup de méchancetés ce jour-là.

L'ACCORD DE "CI-JOINT"

1) Ci-joint / Ci-joints mon CV et ma lettre de motivation. — 2) Les contrats ci-joint / ci-joints sont des originaux, ne les perdez surtout pas ! — 3) Les documents ci-annexé / ci-annexés auraient dû être envoyés dans

mon précédent courrier, je vous prie de bien vouloir m'en excuser. – 4) Vous trouverez ci-joint / ci-jointe la photo dont nous avions parlé. – 5) Les propositions ci-inclus / ci-incluses sont confidentielles. – 6) Je vous prie de bien vouloir trouver ci-annexé / ci-annexés les livres rares que je vous avais promis.

AVANT QUE, APRÈS QUE

1) J'espère qu'il viendra nous dire au revoir avant qu'il part / qu'il parte. – 2) Après qu'il sera parti / soit parti, vous rassemblerez vos affaires car nous partirons à notre tour. – 3) Avant que tu ne fais / tu ne fasses une bêtise, repense à tes objectifs à long terme. – 4) Les spectateurs l'applaudissent longuement après qu'elle a terminé / ait terminé sa présentation. – 5) Après qu'elle eut raccroché / eût raccroché, elle laissa échapper un long soupir de désespoir.

TOUT SAVOIR SUR "QUE"

(Indiquez dans chaque cas si "que" est une conjonction (CONJ), un adverbe (ADV), un pronom relatif (PRE) ou un pronom interrogatif (PIN).)

1) <u>Que</u> lui as-tu raconté ? > CONJ / ADV / PRE / PIN

2) <u>Que</u> ce temps est agréable ! > CONJ / ADV / PRE / PIN

3) Il prétend <u>que</u> ton départ ne l'affecte pas. > CONJ / ADV / PRE / PIN

4) Si tu viens et <u>que</u> tu as un peu de temps, je te ferai écouter mon nouveau morceau préféré. > CONJ / ADV / PRE / PIN

5) <u>Que</u> tu le veuilles ou non, nous devrons bientôt nous arrêter pour

faire le plein. > CONJ / ADV / PRE / PIN

6) Que préfères-tu faire pour le réveillon ? > CONJ / ADV / PRE / PIN

LA PRÉPOSITION

(Soulignez toutes les prépositions dans les phrases suivantes.)

1) J'habite avec mon frère depuis un an. – 2) Il parle avec le professeur dans le bureau de ce dernier. – 3) Grâce à ton aide, je peux maintenant dormir sur mes deux oreilles. – 4) Il a fixé le tableau au-dessus de la cheminée. – 5) Une annonce de la directrice a été diffusée avant le début des cours. – 6) Il s'avance sur le quai et lève la main vers Maria pour attirer son attention, mais elle marche loin devant et ne le voit pas. – 7) Il a bien failli être renversé en pleine rue par un chauffard.

L'ACCORD DE L'ADJECTIF QUALIFICATIF

(Accordez les adjectifs indiqués entre parenthèses.)

1) J'ai reçu aujourd'hui la visite ________________________________ (inattendu) d'un ______________________________ (vieux) ami. – 2) Il porte souvent un pantalon et une chemise ______________________________ (noir). – 3) Les périodes ______________________________ (préhistorique) et ______________________________ (médiévale) l'intéressent tout particulièrement. – 4) Le 14 juillet les drapeaux

(bleu blanc rouge) fleurissent dans les rues françaises. – 5) Il est fier de

ses origines _________________________________

(franco-américaine). – 6) Mon petit frère compte ramasser le plus de

feuilles _________________________________ (morte)

_________________________________ (possible). – 7) Elle a

de _________________________________ (magnifique) yeux

_________________________________ (bleu clair),

presque _________________________________ (turquoise).

RÉVISIONS GÉNÉRALES (1)

1) Soie / Soi / Soit il avance dans la bonne voie / voix / vois, soie / soi / soit il a tort / tord et a perdu tout repaire / repère. – 2) Ce cour / cours / court de tennis est en terre / ter / taire battue. – 3) Il nous a suivis de son plein gré / grès jusque dans les chants / champs à l'entrée du village. – 4) Elle était perdue dans ses penser / panser / pensées et ne réalisa pas immédiatement à qui elle avait à faire / affaire. – 5) Les cinquantenaires / quinquagénaires de la famille fond / font / fonds une excursion cette semaine qui leur a coûté très chair / chaire / cher / chère. – 6) Elle a une voie / voix / vois magnifique, mais devant son père / pair / paire / perd je fin / faim / feins l'indifférence.

RÉVISIONS GÉNÉRALES (2)

1) C'est une personne sans gène / gêne, qui n'hésitera jamais à te dire en plein / plain visage le fond / font / fonds de sa penser / panser / pensée. – 2) Tu voie / voix / vois, la neige fond / font /fonds déjà. – 3) Ceci est un verre / vert / ver / vers à soi / soit / soie. – 4) Ses instructions sont clercs / claires : il faut privilégier les aliments sains / seins / saints. – 5) Le diagnostique / diagnostic quelque peu inquiétant du médecin ne lui coupa pas la fin / faim / feint, bien au contraire. – 6) Ce far / fard / phare est très ancien et on peut voir non loin de là une statue / statut de Napoléon 1er.

RÉVISIONS GÉNÉRALES (VOLUMES 1, 2 & 3)

1) Ce qui / Ceux qui arriveront en retard devront se présenter à la prochaine session / cession d'examens. – 2) Depuis toujours il peint la mère / mer / maire, les fars / fards / phares et le pois / poids / poix du tant / temps qui passe. – 3) Ils durent faire une pause / pose un peu / peut / peux plus tôt / plutôt que prévu dans leur balade / ballade. – 4) Il veut goûter / goutter à tout / tous / toux, cent / sans / s'en / sent / sang avoir à se priver. – 5) Tu s'est / c'est / sais, j'aurai / j'aurais préféré rester or / hors de vos querelles. – 6) Ce compte / comte / conte parle d'un père / perd / pair / paire qui part à la recherche de son enfant en suivant des empruntes / empreintes laissées dans la neige.

SECONDE PARTIE — CORRIGÉS

Vous trouverez dans les pages suivantes les corrigés des différents exercices. Si vous constatez que vous avez commis une erreur et que vous ne comprenez pas pourquoi votre réponse est fausse, merci de vous reporter au livre *Gramemo — 42 fiches ultra-pratiques pour améliorer durablement votre grammaire*, disponible sur Amazon aux formats électronique et papier, ou de vous reporter à la section Grammaire-Express de notre site www.gramemo.org (accès libre).

SOI, SOIE OU SOIT

1) Rejoins-moi soit au centre-ville, soit sur le parking du restaurant. — 2) Ce foulard en soie est un cadeau de ses parents. — 3) Sa soi-disant amie n'a pas attendu longtemps avant de lui tourner le dos. — 4) Qu'il en soit ainsi. — 5) Je crains fortement qu'ils ne soient en retard cette fois. — 6) Il est important de garder un peu de temps pour soi.

VOIX, VOIE, VOIS, etc.

1) J'ai tellement chanté pendant ce concert que je n'ai presque plus de voix. — 2) Il est strictement interdit de circuler à pied sur les voies de chemin de fer. — 3) Tu vois ? C'est une voie sans issue. — 4) Ils ne voient que ce qu'ils veulent bien voir. — 5) Il a dû élever la voix pour se faire entendre dans le brouhaha de l'amphithéâtre. — 6) C'est une espèce en voie de disparition.

REPÈRE OU REPAIRE

1) Je manque totalement de repères dans cette nouvelle maison. — 2) Les héros s'égarent alors dans la forêt, perdant tout repère. — 3) Ils finissent par se retrouver dans le repaire d'une araignée géante. — 4) En cas d'incendie, la fumée vous fait vite perdre vos repères. — 5) On dit que ce lieu touristique est un ancien repaire de pirates.

FOND, FONT OU FONDS

1) La neige fond enfin, le printemps n'est plus très loin. – 2) Que font-ils pour les fêtes de fin d'année ? – 3) Il est convoyeur de fonds depuis cinq ans. – 4) Je fonds souvent en larmes au cinéma lorsque le film est émouvant. – 5) Ils préfèrent s'asseoir dans le fond de la salle. – 6) Ils font du ski de fond et des promenades en raquettes.

A L'ATTENTION DE, A L'INTENTION DE

1) Cette lettre est adressée "à l'attention de Monsieur le Directeur". – 2) A l'attention de notre aimable clientèle : ne manquez pas les promotions exceptionnelles situées au premier étage du magasin ! – 3) Cette grand-mère prépare chaque samedi des biscuits à l'intention de ses petits-enfants. – 4) J'ai laissé ce livre à votre intention sur le meuble de l'entrée.

GÈNE OU GÊNE

1) Cet homme est vraiment sans gêne ! – 2) Même s'il me le propose de bon coeur, je ressens toujours une certaine gêne à l'idée de lui emprunter sa voiture. – 3) Avec un père peintre et une mère photographe, la créativité doit être inscrite dans ses gènes ! – 4) Ne te gêne pas pour moi, je dois bientôt partir de toute façon. – 5) Cette maladie est liée à la présence d'un gène défectueux. – 6) La génétique est l'étude des lois de l'hérédité et des gènes.

QUINQUAGÉNAIRE OU CINQUANTENAIRE

1) Mes parents sont tous deux quinquagénaires. — 2) Nous commémorons le cinquantenaire de cette victoire historique. — 3) Cette plaque a été posée à l'occasion du cinquantenaire du débarquement en Provence. — 4) Il se fait du souci à l'idée de devenir prochainement quadragénaire. — 5) On appelle quinquagénaires les personnes âgées de 50 à 59 ans et quadragénaires les personnes âgées de 40 à 49 ans.

SAIN, SEIN, SAINT, etc.

1) Il a enfin décidé de manger des aliments plus sains. — 2) Elle aimerait pouvoir donner le sein à son bébé pendant au moins six mois. — 3) Cette famille m'a accueilli en son sein comme si j'étais l'un des leurs, et je leur en serai toujours reconnaissant. — 4) Un bandeau lui ceint le front, le faisant ressembler à un héros de film d'arts martiaux. — 5) Il ne sait plus à quel saint se vouer. — 6) L'augmentation de capital a eu lieu sous seing privé.

PLEIN OU PLAIN, etc.

1) Il va bientôt falloir faire le plein si nous ne voulons pas tomber en panne sèche. — 2) Nous recherchons de préférence une maison de plain-pied. — 3) Il organise toujours plein de sorties les soirs de semaine et ensuite il se plaint d'être fatigué ! — 4) Elle ne se plaint presque jamais. — 5) Il est de nature optimiste, toujours à voir le verre à moitié plein. — 6) Ils font plaisir à voir, toujours pleins de motivation. — 7) Plusieurs

clients se sont plaints de maux de ventre après avoir mangé des fruits de mer.

VER, VERS, VERRE, VERT OU VAIR

1) Viens nous voir vers midi, nous pourrons alors boire un verre ensemble. – 2) Ce fruit est plein de vers, jette-le vite ! – 3) Quand je t'ai repérée, tu te dirigeais vers la sortie. – 4) Il a fait tomber son verre, qui s'est brisé en mille morceaux. – 5) Ce poète préfère les vers à la prose. – 6) Les fameuses pantoufles de vair de Cendrillon ne sont en fait pas du tout en verre ! – 7) Il a décidé de repeindre le banc en vert.

TORT OU TORD

1) Il a beaucoup de mal à reconnaître ses torts. – 2) Il saute mais se rattrape mal et se tord la cheville. – 3) Que tu aies tort ou raison, là n'est pas la question ! – 4) Par pitié, cessez de parler à tort et à travers, on ne s'entend plus ! – 5) Attention, cette descente est dangereuse, ne te tords pas le cou ! – 6) Cette petite erreur lui a causé beaucoup de tort.

PERE, PAIRE, PAIR, PERD, PERDS OU PERS

1) Pense à emporter une paire de chaussures de rechange ! – 2) Il est heureux, entouré de ses pairs. – 3) Il a toujours rêvé de devenir père. – 4) Les maisons aux numéros pairs sont de ce côté-ci de la rue. – 5) Elle avait des yeux pers et de longs cheveux de la couleur du coucher du soleil. – 6) Tu perds souvent aux cartes, car tu n'observes pas assez le

langage corporel des autres joueurs. — 7) Dès qu'il est stressé il perd ses moyens et est alors incapable de parler.

FAIM, FIN OU FEINT

1) Notre réunion touche à sa fin. — 2) Il feint souvent l'évanouissement pour me faire rire. — 3) J'ai faim, et si nous faisions une pause ? — 4) Ne sois pas si pessimiste, un échec ne signifie pas la fin du monde ! — 5) Depuis toute petite, elle a voulu s'engager dans une association pour lutter contre la faim dans le monde. — 6) Sentant que la fin était proche, le vieux matou alla s'allonger au fond du placard où il avait l'habitude de dormir. — 7) Tu feins souvent l'ennui, mais je sais que ce sujet te passionne bien plus que tu ne veux l'admettre !

GRÉ OU GRÈS

1) Il a commencé par protester, avant de nous suivre de son plein gré. — 2) Le sol de sa terrasse est en grès clair. — 3) Je collectionne les vieux pots en grès. — 4) Il les suivit, bon gré mal gré. — 5) Le bateau dérive au gré du vent et des courants. — 6) Un peu contre son gré, il se rangea à l'avis de la majorité.

PHARE, FARD OU FAR

1) Les bateaux sont guidés la nuit par le faisceau du vieux phare. — 2) Quel plaisir, de manger un far au pied d'un phare ! — 3) Il a dû faire remplacer le phare arrière droit de sa voiture. — 4) Elle lui a tout avoué,

parlant sans fard. — 5) C'est dans cette pâtisserie que j'ai goûté mon premier far breton. — 6) C'est lors de leur premier rendez-vous qu'elle piqua son premier fard, les joues écarlates et les yeux brillants. — 7) Plusieurs automobilistes m'ont fait des appels de phares sur le chemin du travail ce matin.

TERRE, TAIRE OU TER

1) Son problème principal est qu'il ne sait pas se taire. — 2) Il se terre dans son appartement depuis deux jours de peur de tomber sur son ex-meilleur ami. — 3) Ils habitent au 10 ter rue d'Alsace. — 4) Ils ont préféré lui taire la vérité sur les circonstances de l'accident de peur de lui faire du mal. — 5) Cette famille possède des terres qui s'étendent sur plusieurs hectares. — 6) Ils naviguaient depuis des semaines et ne rêvaient que d'une chose : enfin toucher terre. — 7) Un brin nostalgique, le jeune astronaute admirait la Terre depuis la Station Spatiale Internationale.

STATUE, STATUT OU STATUENT

1) Cette statue ancienne est une véritable oeuvre d'art. — 2) Merci de bien vouloir renseigner sur ce formulaire votre statut marital. — 3) Il resta debout, immobile comme une statue. — 4) Les jurés statuent aujourd'hui sur le sort de l'accusé de ce crime sordide qui avait choqué l'opinion publique. — 5) Les statuts de la société sont disponibles auprès du Registre de Commerce. — 6) Cette famille a fait toutes les démarches nécessaires afin d'obtenir le statut de réfugiés politiques.

COUR, COURS, COURT OU COURENT

1) Il court car il craint d'arriver en retard à son cours de français. — 2) C'est la récréation, les enfants courent dans la cour de l'école. — 3) Ils courent plusieurs kilomètres par jour en prévision du semi-marathon du 16 mai. — 4) La vie à la cour du roi Henry VIII Tudor n'était pas sans danger. — 5) Je rêve depuis longtemps de jouer un match de tennis sur un court en terre battue, comme à Roland-Garros. — 6) Tu as bien grandi depuis l'année dernière, ce pantalon est déjà trop court ! — 7) Nous sommes presque à court de lait, pense s'il te plaît à en acheter lorsque tu iras faire les courses !

CLAIR OU CLERC

1) J'ai des migraines terribles lorsqu'il ne fait pas assez clair dans une pièce. — 2) Après de longues explications, tout est désormais clair comme de l'eau de roche. — 3) J'ai téléphoné au clerc du notaire pour savoir si notre rendez-vous pouvait être avancé. — 4) Il a travaillé six ans comme clerc chez un huissier avant de changer totalement d'orientation. — 5) Le chant de cet oiseau est clair et harmonieux.

DIAGNOSTIC OU DIAGNOSTIQUE, PRONOSTIC OU PRONOSTIQUE

1) Le médecin lui diagnostique rapidement une crise d'appendicite et l'envoie en urgence à l'hôpital. — 2) Il est connu pour ses diagnostics rapides et précis. — 3) Son pronostic vital n'est heureusement pas engagé malgré la violence de l'accident. — 4) Cette application est destinée à

recueillir les pronostics sportifs des parieurs. — 5) Ce spécialiste pronostique en général avec justesse les évolutions économiques futures. — 6) Il faut éviter à tout prix de faire ses propres diagnostics en se fiant à des articles lus sur internet.

CHANT OU CHAMP

1) Sa peau était bronzée après avoir passé tant d'heures à travailler dans les champs. — 2) Elle est très douée dans son domaine mais malheureusement le tact n'entre pas dans son champ de compétences. — 3) Il prend des cours de chant depuis plusieurs années. — 4) Il faut parfois savoir ignorer le chant des sirènes. — 5) Un technicien apparut dans le champ de la caméra et le réalisateur cria : "Coupez !" — 6) Vous avez encore une chance d'attraper mais ce train si vous partez sur-le-champ.

CHER, CHÈRE, CHAIR OU CHAIRE

1) Cette sauce est préparée à base de chair de tomates et d'un peu de basilic. — 2) Le professeur s'adresse aux élèves depuis sa chaire. — 3) Son amour de la bonne chère est sans le moindre doute lié à sa tendance à l'embonpoint. — 4) Cher Monsieur, je vous prie de bien vouloir trouver en annexe le contrat signé en deux exemplaires. — 5) Ce nouveau restaurant est bien trop cher pour moi. — 6) La chair de ma chair passera toujours en priorité. — 7) Un vent frais se leva soudain, me donnant la chair de poule.

PENSER, PANSER OU PENSÉE

1) Elle regardait au loin, silencieuse, et je me demandai à quoi elle pouvait bien penser. — 2) Cette année j'ai décidé de planter des pensées. — 3) Il a bien désinfecté la blessure avant de panser la plaie. — 4) Après toutes ces discussions, je ne sais plus quoi penser. — 5) Panser un cheval consiste à le brosser pour le nettoyer tout en passant un moment privilégié avec lui. — 6) Il n'a pas hésité longtemps avant de partager avec nous le fond de sa pensée. — 7) Elle se laisse parfois submerger par des pensées négatives.

DE SUITE OU TOUT DE SUITE

1) "Les enfants ! Venez manger tout de suite !" — 2) Il a rapidement abandonné le roller après être tombé trois fois de suite. — 3) Ils ont encore une chance d'arriver avant la fermeture s'ils partent tout de suite. — 4) Quelqu'un sonna alors à la porte d'entrée plusieurs fois de suite. — 5) En voyant la lueur dans son regard, j'ai tout de suite su qu'elle plaisantait.

ENSEMBLE OU ENSEMBLES

1) Ils étaient rapidement devenus amis, et on les voyait toujours ensemble. — 2) Je ne sais pas quoi porter, j'hésite entre cet ensemble-ci et ces ensembles-là. — 3) Ils réagirent dans un parfait ensemble. — 4) Les quatre cousins ont joué ensemble tout l'après-midi, profitant du soleil et des vacances. — 5) Par un étonnant hasard, ils sont arrivés tous ensemble. — 6) Il y a quelques années, je jouais du violoncelle dans l'ensemble

musical de mon lycée.

AVOIR À FAIRE OU AVOIR AFFAIRE

1) "Si vous continuez vos bavardages, vous allez avoir affaire à moi !",
menaça le professeur. – 2) En fin d'année, il y a toujours beaucoup à
faire au bureau. – 3) Ils passent leurs soirées à discuter sur ce banc,
comme s'ils n'avaient rien à faire de leur temps. – 4) Dans toute ma
carrière je n'ai encore jamais eu affaire à un client d'aussi mauvaise foi ! –
5) Nous avons affaire à un virus d'un genre nouveau. – 6) Quand il n'y
eut plus rien à faire, il prit ses affaires et rentra chez lui.

DÉCADE OU DÉCENNIE

1) Il n'avait pas fait aussi chaud en avril depuis au moins trois décennies.
– 2) Une décade désigne une période de dix jours, et une décennie une
période de dix ans. – 3) Il y a environ trois décades dans un mois. –
4) Mes enfants sont tous nés dans la seconde décennie du vingt-et-
unième siècle.

ÉRUPTION OU IRRUPTION

1) L'irruption de la police dans la salle de spectacle mit rapidement fin à
la rixe. – 2) L'éruption du Vésuve a entièrement détruit la ville de
Pompéi, tuant la majeure partie de ses habitants. – 3) Ce sont des
éruptions cutanées à répétition qui mirent les médecins sur la piste d'une
allergie. – 4) Un groupe de retardataires fit irruption dans la salle de

cinéma et s'installa bruyamment. — 5) Les éruptions solaires sont un phénomène passionnant.

QUELQUE ET QUEL QUE

1) J'ai invité mon frère et quelques amis à manger ce soir. — 2) Quelle que soit ta décision, je te soutiendrai. — 3) Depuis quelque temps j'ai du mal à m'endormir le soir. — 4) Quelles que soient les raisons invoquées, une telle violence est choquante et condamnable. — 5) Si vous ne pouvez pas venir pour quelque raison que ce soit, merci de bien vouloir penser à prévenir les organisateurs. — 6) Je suis déjà venu ici il y a quinze ans et quelques. — 7) Elle a dit qu'elle partait quelque part mais je ne me souviens plus de quel endroit il s'agissait.

L'INVERSION DU VERBE ET DU SUJET

1) "Je viendrai te voir demain", dit-il. — 2) Quand pourra-t-il quitter l'hôpital ? — 3) Il a dit qu'il serait bientôt là, mais a-t-il pensé à fermer les fenêtres avant de partir ? — 4) L'histoire dont parlait le présentateur du journal ce midi est très émouvante.

LES LIAISONS

1) Ils <u>sont amis</u> depuis <u>des années</u>. — 2) <u>Ils ont</u> décidé de partir faire le tour <u>des environs</u> <u>quand ils auront</u> du temps libre. — 3) <u>Leurs amies</u> Elena et Julie <u>les accompagneront</u>. — 4) Les héros de bandes dessinées <u>sont à</u> l'honneur de <u>ces expositions</u>. — 5) <u>Dans un an</u> vous <u>pourrez à</u>

nouveau tenter de passer cet examen. – 6) De <u>temps en</u> temps, nous passons la soirée <u>chez elle</u>. – 7) <u>Ils ont</u> mangé des haricots et des yaourts.

BIEN UTILISER TEL

1) Avec un tel comportement, ne t'étonne pas si plus personne ne te soutient. – 2) Tel est pris qui croyait prendre. – 3) Lisez ces phrases puis recopiez-les telles quelles. – 4) Il nous a dit de bien veiller, si nous allions voir telle ou telle personne, à passer le bonjour de sa part. – 5) Il faudra bien un jour qu'il accepte la vérité comme telle – 6) La petite fille a placé ses peluches en rangs, tels les élèves de son école imaginaire.

BIEN ACCORDER LE VERBE AVEC SON SUJET

1) Allez-vous souvent aux réunions de cette association ? – 2) Mon père et son frère sont comme chien et chat. – 3) Peu de gens ont fait le déplacement. – 4) Une foule de manifestants a / ont *(les deux solutions sont possibles)* déferlé dans les rues. – 5) Sophie et moi sommes les meilleures amies du monde. – 6) Valérie et lui fêtent leurs quinze ans de mariage. – 7) Ton frère et toi avez deux ans d'écart, n'est-ce pas ?

LES NOMS DE PAYS

B) la principauté de Monaco
B) la Confédération helvétique
A) l'île de la Réunion
A) la Nouvelle-Zélande

B) les Emirats arabes unis

1) en Allemagne – 2) au Brésil – 3) au Canada – 4) en Irak – 5) en Turquie – 6) au Zimbabwe – 7) en Bosnie-Herzégovine – 8) au Rwanda – 9) au Japon – 10) au Luxembourg

LE PLURIEL DES NOMS

1) un animal, des animaux
2) un trou, des trous
3) un genou, des genoux
4) un vitrail, des vitraux
5) un feu, des feux
6) un travail, des travaux
7) un pneu, des pneus
8) un nez, des nez
9) un chasse-neige, des chasse-neige
10) un haut-parleur, des haut-parleurs
11) un passe-partout, des passe-partout
12) un coffre-fort, des coffres-forts

QUAND TUTOYER, QUAND VOUVOYER ?

1) Pour vous adresser à votre nouveau patron : VOUVOIEMENT

2) Pour vous adresser à un serveur dans un restaurant : VOUVOIEMENT

3) Pour vous adresser à un enfant que vous ne connaissez pas : TUTOIEMENT

4) Pour vous adresser à un ami d'enfance que vous aviez perdu de vue :
TUTOIEMENT (on peut passer du vouvoiement au tutoiement avec
une personne mais pas du tutoiement au vouvoiement)

5) Pour vous adresser à votre nouveau collègue, qui a à peu près votre
âge : TUTOIEMENT (après avoir vérifié avec lui que cela lui
convenait)

BIEN ACCORDER AVEC "VOUS"

1) Je vous avais prévenus, ton frère et toi, que la route était glissante. –
2) Beaucoup d'entre vous prennent cette formation très au sérieux et je
vous en félicite. – 3) Je vous croyais au-dessus de ce genre de
provocation. – 4) Mes chères amies, je vous ai écrit bien des fois ces
derniers mois (vous = COI). – 5) Mes chères soeurs, je vous ai appelées
plusieurs fois ce matin mais aucune d'entre vous ne m'a répondu (vous
= COD). – 6) Son père et vous êtes devenus amis il y a peu.

LES COMPLÉMENTS D'OBJET

1) Je lui (COS) ai demandé de venir rapidement (COD).

2) J'ai parlé à l'agent immobilier (COI) ce matin.

3) Tu lui (COS) as encore demandé un service (COD).

4) Il voulait manger (COD) et a choisi un restaurant asiatique
(COD). *(Cette phrase comprend deux COD car ils dépendent chacun d'un
verbe différent.)*

5) Quelle chanson (COD) as-tu entendue à la radio ce matin ?

6) Il lui (COS) a dédié son dernier livre (COD) en guise d'hommage.

BIEN ACCORDER AVEC "SE"

1) Elle s'est mise à pleurer tout à coup. — 2) Elle se sont donné rendez-vous à midi au bout de la rue des Bosquets. — 3) Ils se sont associés pour créer cette entreprise. — 4) Les robes qu'elle s'est achetées étaient en soldes. — 5) Les mensonges qu'il a racontés sont grotesques. — 6) Elle s'est arrêtée un instant afin de reprendre son souffle. — 7) Ils se sont dit beaucoup de méchancetés ce jour-là.

L'ACCORD DE "CI-JOINT"

1) Ci-joint mon CV et ma lettre de motivation. — 2) Les contrats ci-joints sont des originaux, ne les perdez surtout pas ! — 3) Les documents ci-annexés auraient dû être envoyés dans mon précédent courrier, je vous prie de bien vouloir m'en excuser. — 4) Vous trouverez ci-joint / ci-jointe *(les deux sont possibles)* la photo dont nous avions parlé. — 5) Les propositions ci-incluses sont confidentielles. — 6) Je vous prie de bien vouloir trouver ci-annexé / ci-annexés *(les deux sont possibles)* les livres rares que je vous avais promis.

AVANT QUE, APRÈS QUE

1) J'espère qu'il viendra nous dire au revoir avant qu'il parte. — 2) Après qu'il sera parti, vous rassemblerez vos affaires car nous partirons à notre tour. — 3) Avant que tu ne fasses une bêtise, repense à tes objectifs à long terme. — 4) Les spectateurs l'applaudissent longuement après qu'elle a terminé sa présentation. — 5) Après qu'elle eut raccroché, elle laissa

échapper un long soupir de désespoir.

TOUT SAVOIR SUR "QUE"

1) <u>Que</u> lui as-tu raconté ? > PIN

2) <u>Que</u> ce temps est agréable ! > ADV

3) Il prétend <u>que</u> ton départ ne l'affecte pas. > PRE

4) Si tu viens et <u>que</u> tu as un peu de temps, je te ferai écouter mon nouveau morceau préféré. > CONJ

5) <u>Que</u> tu le veuilles ou non, nous devrons bientôt nous arrêter pour faire le plein. > CONJ

6) <u>Que</u> préfères-tu faire pour le réveillon ? > PIN

LA PRÉPOSITION

1) J'habite <u>avec</u> mon frère <u>depuis</u> un an. – 2) Il parle <u>avec</u> le professeur <u>dans</u> le bureau <u>de</u> ce dernier. – 3) <u>Grâce à</u> ton aide, je peux maintenant dormir <u>sur</u> mes deux oreilles. – 4) Il a fixé le tableau <u>au-dessus de</u> la cheminée. – 5) Une annonce <u>de</u> la directrice a été diffusée <u>avant</u> le début des cours. – 6) Il s'avance <u>sur</u> le quai et lève la main <u>vers</u> Maria <u>pour</u> attirer son attention, mais elle marche loin devant et ne le voit pas. – 7) Il a bien failli être renversé <u>en</u> pleine rue <u>par</u> un chauffard.

L'ACCORD DE L'ADJECTIF QUALIFICATIF

1) J'ai reçu aujourd'hui la visite inattendue d'un vieil ami. — 2) Il porte souvent un pantalon et une chemise noirs. — 3) Les périodes préhistorique et médiévale l'intéressent tout particulièrement. — 4) Le 14 juillet les drapeaux bleu blanc rouge fleurissent dans les rues françaises. — 5) Il est fier de ses origines franco-américaines. — 6) Mon petit frère compte ramasser le plus de feuilles mortes possible. — 7) Elle a de magnifiques yeux bleu clair, presque turquoise.

RÉVISIONS GÉNÉRALES (1)

1) Soit il avance dans la bonne voie, soit il a tort et a perdu tout repère. — 2) Ce court de tennis est en terre battue. — 3) Il nous a suivis de son plein gré jusque dans les champs à l'entrée du village. — 4) Elle était perdue dans ses pensées et ne réalisa pas immédiatement à qui elle avait affaire. — 5) Les quinquagénaires de la famille font une excursion cette semaine qui leur a coûté très cher. — 6) Elle a une voix magnifique, mais devant son père je feins l'indifférence.

RÉVISIONS GÉNÉRALES (2)

1) C'est une personne sans gêne, qui n'hésitera jamais à te dire en plein visage le fond de sa pensée. – 2) Tu vois, la neige fond déjà. – 3) Ceci est un ver à soie. – 4) Ses instructions sont claires : il faut privilégier les aliments sains. – 5) Le diagnostic quelque peu inquiétant du médecin ne lui coupa pas la faim, bien au contraire. – 6) Ce phare est très ancien et on peut voir non loin de là une statue de Napoléon 1er.

RÉVISIONS GÉNÉRALES (VOLUMES 1, 2 & 3)

1) Ceux qui arriveront en retard devront se présenter à la prochaine session d'examens. – 2) Depuis toujours il peint la mer, les phares et le poids du temps qui passe. – 3) Ils durent faire une pause un peu plus tôt que prévu dans leur balade. – 4) Il veut goûter à tout, sans avoir à se priver. – 5) Tu sais, j'aurais préféré rester hors de vos querelles. – 6) Ce conte parle d'un père qui part à la recherche de son enfant en suivant des empreintes laissées dans la neige.

AVANT DE PARTIR…

Je vous remercie sincèrement d'avoir acheté ce cahier d'exercices. C'est uniquement grâce à votre soutien que des projets comme Gramemo peuvent voir le jour et se développer !

Si ce cahier vous a été utile et que nos fiches de synthèse vous ont aidé, pourriez-vous s'il vous plaît prendre quelques instants pour laisser une note et un commentaire sur le livre sur Amazon ? De cette manière il deviendra plus visible et pourra permettre à d'autres personnes de s'améliorer, mais aussi à de prochains volumes d'être publiés dans cette collection. Les commentaires des clients sont en effet le meilleur moyen pour soutenir les projets comme le nôtre, publiés de manière indépendante.

Pour découvrir chaque semaine une nouvelle fiche de grammaire, voici quelques liens où vous pouvez vous connecter avec Gramemo :
- le site et le blog sur www.gramemo.org
- la page Facebook Gramemo
- le fil Twitter Gramemo
- le compte Pinterest Gramemo
- le compte Instagram @gramemoofficiel

Pour recevoir directement dans votre boîte e-mail vos fiches de grammaire ainsi que les dernières nouveautés en avant-première et des bonus exclusifs, vous pouvez souscrire à notre newsletter gratuite sur le site : www.gramemo.org/newsletter.

A très bientôt !

Christelle Molon

À PROPOS DE L'AUTEUR

Christelle Molon vit dans le nord-est de la France avec sa famille. Passionnée de mots et de lecture depuis son plus jeune âge, elle a décidé de conjuguer son intérêt pour le design, les « nouvelles » technologies et la grammaire afin de permettre au plus grand nombre de s'améliorer sans douleur en grammaire et en français en général.

En dehors de Gramemo, elle consacre son temps libre à sa famille, à la lecture, à la photographie, aux voyages et à la créativité en général.

Vous pouvez la contacter à l'adresse contact@gramemo.org ou sur les réseaux sociaux.

Retrouvez toutes les nouvelles parutions
Gramemo sur Amazon,
et tenez-vous informé des offres promotionnelles
en vous inscrivant à la newsletter sur
www.gramemo.org/newsletter